Théophile Kiluba Muledi

Mes réflexions avec Jésus-Christ

Théophile Kiluba Muledi

Mes réflexions avec Jésus-Christ

Quête et conquête de sa présence

Éditions Croix du Salut

Imprint
Any brand names and product names mentioned in this book are subject to trademark, brand or patent protection and are trademarks or registered trademarks of their respective holders. The use of brand names, product names, common names, trade names, product descriptions etc. even without a particular marking in this work is in no way to be construed to mean that such names may be regarded as unrestricted in respect of trademark and brand protection legislation and could thus be used by anyone.

Cover image: www.ingimage.com

Publisher:
Éditions Croix du Salut
is a trademark of
Dodo Books Indian Ocean Ltd. and OmniScriptum S.R.L publishing group

120 High Road, East Finchley, London, N2 9ED, United Kingdom
Str. Armeneasca 28/1, office 1, Chisinau MD-2012, Republic of Moldova, Europe
Managing Directors: Ieva Konstantinova, Victoria Ursu
info@omniscriptum.com

Printed at: see last page
ISBN: 978-3-330-70792-4

Remerciements

Notre profonde gratitude est pour le Seigneur Jésus-Christ, de nous avoir donné cette occasion exceptionnelle de concevoir cet ouvrage de méditations. Il nous a ouvert la voie d'être participant de son œuvre d'où nous avons pu sonder, analyser les Saintes Ecritures et faire ressortir la pensée de Dieu pour des situations précises.

La réalisation de cet ouvrage a nécessité les prières, le soutien, les encouragements et les conseils de nombreuses personnes. Nos remerciements s'adressent au Pasteur Pascal Grosjean qui, à Monsieur Bertrand Gounon, au Révérend Pasteur Fidèle Kakwanda Bituka, au Dr Professeur Adrienne Ilunga Mukanya, à Monsieur Kiluba Mundeke Jowett, à l'Ancien Yaya Seya.

Nous exprimons une pensée pieuse et émue au Révérend Pasteur Mukanya Seba William, d'auguste mémoire, qui certainement aurait été heureux de voir la réalisation de ce projet qui est l'émanation de ses encouragements et de ses bénédictions pour nous.

Enfin, nous adressons également nos remerciements à tous les personnes qui prendront un réel plaisir dans les pages qu'ils découvriront.

* * * * * * * * * * * * *

Introduction

En débutant ma marche chrétienne, j'ai fait non seulement la connaissance de serviteurs de Dieu qui m'ont guidé et soutenu mais je me suis aussi découvert une vocation, celle de la Parole de Dieu et du sens de la partager autour de moi. Depuis je ne me suis plus arrêté. Je mène au quotidien une réflexion sur le monde qui nous entoure, sur les sentiments qui nous traverse, sur les besoins que nous ressentons et surtout sur la réponse à donner à toutes ces choses. Justement j'ai trouvé en Jésus-Christ le dénominateur commun.

Mes Reflexions avec Christ sont un reflet de pensées, savamment mûris et inspirés. Elles traduisent l'assurance et la confiance en Jésus-Christ malgré les sentiments qui nous traversent au quotidien (peur, angoisse, colère, déception, douleur, découragement…). Elles sont le fruit de l'admiration et de l'appréciation et du contact permanent avec Dieu. En nous attachant à Christ, il nous permet de voir, distinguer et discerner clairement les choses de notre quotidien.

L'objectif principal de cet ouvrage est d'inviter le lecteur à faire une expérience de reflexion personnelle et profonde avec Jésus-Christ, de puiser en lui les réponses aux nombreuses questions que l'on se pose. Les pensées particulièrement courtes, se veulent le plus souvent simples et compréhensibles, parfois directs et déchirants mais prompt à susciter une soif et un désir de compréhension et surtout à nous encourager à demeurer au contact de Jésus-Christ

L'issue de ces lectures sera certainement une bouffée d'air frais, de la joie et du courage mais surtout de la persévérance au quotidien. Ma prière est que pour chaque page lue, le lecteur puisse se connecter à la Parole de Dieu, de façon fidèle et quotidienne et de mieux connaitre Jésus-Christ, Lumière par excellence.

Théophile KILUBA MULEDI

*
* *

Une mauvaise attitude voit que la vie est pénible mais une bonne attitude voit la vie comme une aventure merveilleuse pour servir Dieu ; Une mauvaise attitude freine la main de Dieu mais une bonne attitude est propice à l'intervention de Dieu.

*
* *

Il est de notre ressort de comprendre que Dieu est principalement bon à notre égard. Son amour dépasse notre entendement et il n'y a pas de mot juste pour le décrire. Les mots usuels sont autorisés.

*
* *

Le choix nous l'avons toujours. Faire le choix de Christ c'est s'assurer une place de choix au concert des enfants de Dieu. Il n'y a qu'une place de choix pour le choix qu'on aura fait.

*
* *

Dieu aime la grandeur. Si nous l'élevons, il nous éleve et si nous nous élevons, il nous rend inexistant.

*
* *

Dieu nous aime. Et il nous aime d'un amour de prédilection, d'un amour véhément, ardent, passionné, irraisonnable, avec une préférence jalouse qui se confondrait à du d'harcèlement !

*
* *

Une prière faite sans Parole de Dieu est une prière sans lui.

*
* *

La capacité de Dieu se détermine à la foi qu'on a. Chacun se donne les distances de ce qu'est la grandeur de Dieu.

*
* *

Réduire Dieu au plan secondaire de notre vie c'est réduire son champ d'action et sa capacité d'intervention. Lui donner carte blanche c'est s'assurer.

*
* *

Personne ne peut nous amener là où il n'a jamais été. Jésus nous mène sur le terrain de la résurrection parce que lui-même est ressuscité.

*
* *

Un jeûne qui n'a pas de valeurs spirituelles n'est rien d'autre qu'une grève de la faim. Le sacrifice est une affaire du coeur.

*
* *

Lorsque Christ nous dit que sa grâce nous suffit, la grâce change de définition dans notre vie. Elle ne devient plus une faveur, Elle devient une suffisance. La grâce c'est Jésus-Christ.

*
* *

En Christ nous marquons la différence. La différence dans l'excellence parce que Jésus est parfait, la différence dans l'aisance parce que sa grâce nous suffit, la différence dans l'obéissance parce jusqu'à la mort il l'a été, la différence sans complaisance parce qu'il nous rend humble. Surtout la différence nous place devant sa face.

*
* *

Plus les épreuves et tentations deviennent intenses dans nos vies, plus Dieu a davantage l'occasion de faire éclater sa grandeur.

*
* *

Le choix de Dieu est le plus souvent porté vers ce qui semble faible pour confirmer la théorie du renversement. Il s'appuie aussi sur ce qui est fort pour confirmer la théorie du brisement.

*
* *

Il est aisé de porter accusation et rejeter la faute sur autrui. Accuser nous rapproche de l'accusateur mais souffrir nous rapproche du glorifié.

*
* *

Le Saint Esprit comme Dieu est le guide et le restaurateur de nos cœurs. Il remplit les cœurs vides et fait déborder les cœurs pleins. Le trop plein est donc une grâce car l'abondance et l'excès du Saint Esprit ne nuit pas mais procure le bonheur.

*
* *

La prière est un lien indissociable d'avec Christ. Elle nous unit à Dieu car son oreille s'y trouve. Elle est le socle de notre regard sur le monde. Celui qui est à la hauteur des attentes de Dieu dans l'intimité de la prière le sera aussi en faveur des hommes.

*
* *

Le serviteur est celui qui n'associe sa valeur qu'à Dieu seul. Greffé à lui il devient puissant et utilisé par lui, il devient un instrument de terreur pour les ténèbres. La visibilité puissante de Dieu consistera donc dans sa vie à exploiter les failles du serviteur pour terrasser l'ennemi.

*
* *

Appartenir à Dieu c'est se revêtir d'un grand coeur. Le coeur de vivre sans rancœur et celui de demeurer toujours en choeur avec lui pour l'honorer jour après jour.

*
* *

Le Serviteur soucieux se doit de renouveler ses pensées pour atteindre le coeur de Dieu. Il est difficile de servir Dieu au delà de ce qu'il fait déjà. En fait Dieu se sert lui-même par nous.

*
* *

Si seulement il fallait se fâcher contre toutes les injustices, on ne donnera aucun sens à la justice de Dieu.

*
* *

La Parole de Dieu trouve sa pertinence lorsque celui qui l'entend décide de faire d'elle le puissant facteur de sa vie. Elle devient dès lors le garant des moindres besoins de celui qui s'y confie et cette Parole c'est Jésus.

*
* *

La prière est pour nous une clé. Elle est une demande adressée à Dieu, un entretien avec Dieu et un combat mené avec Dieu.

*
* *

La rencontre avec Jésus-Christ est une aisance sans complaisance qui nous sort de l'ignorance vers la connaissance.

*
* *

Ce que nous entendons de Dieu n'est pas à nous surprendre tant nous sommes issus de lui. Ce qui nous surprend c'est plutôt de demeurer comme des pierres en face des miracles et des prodiges qu'il réalise au jour le jour.

*
* *

Le Seigneur Dieu nous accorde un espace bien précis pour nous exprimer et imprimer son amour autour de nous. Il nous donne des missions suivies de recommandations claires et précises. Les enfreindre c'est passer outre son amour et les respecter c'est s'ouvrir les voies du bonheur.

*
* *

Il faut croire pour comprendre et comprendre pour croire. La foi est un acte d'intelligence comme l'intelligence est un produit de la foi en Christ. Quelque soit le choix qu'on porte à l'un comme à l'autre, ce qui est merveilleux c'est que Jésus en est le dispensateur.

*
* *

L'idée même que l'on puisse se faire une autre opinion de la Vérité est sans conteste une erreur grotesque car la Vérité ne se compare ni ne se contredis pas car elle parle d'elle même. C'est à nous de nous l'approprier comme elle s'est offerte à nous.

*
* *

Les beaux sermons attirent des louanges au prédicateur, mais la prédication pénétrée du Saint-Esprit pousse les auditeurs à louer Dieu."

*
* *

La prière est une arme qui accomplit ce que bien de prédications n'ont pas réussi à faire. De nos jours, l'Eglise a mis en avant bien plus son habilité à prêcher que son habilité à prier ? Rentrons dans l'agonie de la prière…"

*
* *

L'inspiration n'est pas une intention mais le résultat d'une admiration parfaite par Dieu. Elle découle d'un coeur qui veut servir Dieu en profondeur.

*
* *

L'émergence d'un nouveau caractère en nous se développe lorsque Nous semblons nous soumettre à quelque chose de plus fort que nous.

*
* *

Le chemin qui mène vers la main du Seigneur est celui qui passe par les pieds du Seigneur.

*
* *

La foi ne se réfléchit pas ni ne se premedite pas. Elle consiste à se jetter dans ce que le monde appelle vide mais qui en vérité est un espace occupé par la main du Seigneur. La foi ne reste pas un slogan mais c'est Christ que nous vivons dans la pratique.

*
* *

Cultiver la paix et promouvoir l'harmonie sociale est une marque d'une sagesse venue d'en haut. La paix s'installe dans le coeur de ceux qui, chaque jour, ont à coeur la cause de Christ.

*
* *

On ne reconnaît pas un menteur par ce qu'il dit mais plutôt par ce qu'il ne dit pas à savoir la vérité. Être lié à Christ c'est aimer la vérité en la respirant et en la disant.

*
* *

La déchéance en Christ répond souvent à une échéance au cours de laquelle le chrétien n'aura pas su saisir la main tendue de Dieu.

*
* *

Pour les hommes grandir c'est croître et aller vers une certaine autonomie et indépendance mais pour ceux qui sont en Jésus-Christ, grandir c'est croître en accédant à la plus profonde dépendance.

*
* *

La prédication la plus sévère et la plus forte doit être celle qui s'adresse au predicateur même.

*
* *

Ce ne sont pas de grands talents, de grandes instructions ou de grands orateurs dont Dieu a besoin mais des hommes grands en sainteté, grands en foi, grands en amour, grands en fidélité.

*
* *

Le prédicateur devoué est un serviteur de Dieu dont le coeur est constamment assoiffé de son Dieu, dont l'âme talonne constamment les pas de Dieu et dans lequel, par la puissance de l'Esprit de Dieu, la chair et le monde ont été crucifiés.

*
* *

La portée de la miséricorde de Dieu pousse le chrétien à considérer que la marche dans ce monde est un périple périlleux et merveilleux.

*
* *

La gloire et l'efficacité de l'Évangile sont liées aux hommes qui l'ont proclamé. Le Saint Esprit ne se répand pas au travers des méthodes mais au travers les hommes qu'il transcendent.

*
* *

La froideur de notre amour pour Dieu complète le tableau de notre indignité où nous négligeons d'utiliser à plein la grâce qui nous a été donné en vue de l'accomplissement de notre devoir et de l'exercice de nos privilèges.

*
* *

Agis autour de nous et fais-toi connaître à ceux qui ne te connaissent pas et participe à la vie de chacun avec clarté absolue. Merci pour le souffle de vie, merci d'être toujours là.

*
* *

Réussir c'est être statique selon Dieu et dynamique selon Dieu.

*
* *

Un acte de foi se résume parfois à la plus pure simplicité.

*
* *

Le simple bruit d'une prière fervente résonne comme un crépitement incessant dans le camp ennemi. Chargés à bloc par l'onction du Saint Esprit, nous devenons des instruments propres à faire éclater le triomphe magistral de Dieu.

*
* *

La grâce de Dieu ne réside pas tant dans la prédication que nous donnons mais elle se sert de la prédication pour agir sur la conscience d'un grand nombre d'auditeurs.

*
* *

Jésus-Christ est la *Vérité* et cette vérité cache trois dimensions :
la vérité comme *information*, la vérité comme *connaissance* et
la vérité comme *nature*.

*
* *

La plupart des gens vivent dans l'illusion qu'ils resteront
indéfiniment sur la terre. Le Saint-Esprit nous rappelle toujours
que nous sommes passagers.

*
* *

Dieu n'a pas un numéro whatsapp. Pour le parler le plus utile
c'est d'entrer en prière et écouter sa parole.

*
* *

Certaines bénédictions se révèlent suivant le cycle de notre vie
sur terre. Ne pas les vivre ne signifie pas qu'elles n'existent pas.

*
* *

La fréquence de nos prières, la sensibilité à la Parole de Dieu
sont des indicateurs de notre positionnement en Jésus-Christ.

*
* *

Ceux qui ne veulent pas qu'on leur présente Jésus-Christ se
présenteront eux-mêmes devant lui au jour du jugement et ils
feront moins le malin.

*
* *

La standardisation, mieux, la monotonie de notre adoration nous
empêche de vivre les multiples facettes de Dieu.

*
* *

Les difficultés de la vie n'altèrent en rien notre joie d'appartenir
à Jésus-Christ car en Christ nous sommes plus que vainqueurs.

*
* *

La foi est bien plus qu'une croyance. C'est la certitude de vivre
non pas selon le plan des hommes mais selon le plan de Dieu.

*
* *

Pour vivre selon le plan de Dieu, il faut connaître Dieu, de peur de s'opposer soi-même au plan qu'il trace pour nous.

*
* *

La vie est une affaire de hauteur d'esprit car notre Dieu est au-dessus. Et nous montons vers Dieu par l'échelle de l'humilité.

*
* *

La grâce de Dieu est projectionnelle et pleine d'assurance. Elle nous donne la vue au moyen de la foi en Jésus-Christ.

*
* *

Les promesses de Dieu inscrivent leur accomplissement dans la vie de ceux qui cultivent la patience comme fruit de l'esprit.

*
* *

La chrétienté ne se crie pas et ne se revendique pas. Bien plus qu'une appartenance, c'est la nature de tous ceux qui sont renouvelés en Jésus-Christ.

*
* *

La délivrance pour un enfant de Dieu consiste aussi en des frappes de précisions dans le camp de l'ennemi.

*
* *

L'Eternel se cache dans le cœur de ceux qui le cherchent et se révèle dans la vie de ceux qui le désirent ardemment.

*
* *

La vie chrétienne n'est pas un ring de boxe. Elle est plutôt le résultat d'une haute victoire acquise par Jésus notre modèle.

*
* *

La main de Dieu n'agit pas toujours par ce sur quoi nous avons la maîtrise et le contrôle. Dieu se définit aussi par des surprises.

*
* *

Pour un enfant de Dieu, le plus important n'est pas de connaître où l'on va mais d'avoir la maîtrise des paramètres qui nous y amène.

*
* *

L'œuvre de Dieu est une œuvre d'engagement et non de désengagement, de gradation et non de régression car la bénédiction vient d'en haut.

*
* *

Derrière les promesses de Dieu se cachent son désir de témoignages à sa gloire. Plus de promesses pour nous et plus de témoignages pour lui.

*
* *

La repentance, mieux, la sanctification est la maternité des bénédictions.

*
* *

La vie chrétienne a un niveau d'exigence élevé et qui nous pousse à être constamment à la hauteur des attentes de Dieu.

*
* *

L'une des plus grandes délivrances est la prise de conscience. Jésus-Christ nous rend conscient de notre identité et des privilèges rattachés à celle-ci.

*
* *

La grâce de Dieu est un privilège, une occasion unique de donner du sens à la vie et surtout de se faire une place au royaume de Dieu.

*
* *

La grâce de Dieu ne nous prédispose pas à nous opposer à Dieu. Au contraire, elle a pour but de nous aligner à la stature parfaite de Jésus-Christ.

*
* *

L'œuvre de Dieu ne nous positionne pas pour des titres et des honneurs mais pour témoigner d'une vie radicalement changée en Jésus-Christ.

*
* *

Jésus-Christ assure la plénitude de nos combats. Il n'intervient et n'agit pas par procuration car il est pleinement responsable de ceux qui lui appartiennent.

*
* *

Les honneurs en Jésus-Christ ce ne sont pas les premières places mais le sentiment d'avoir accompli et rencontré sa volonté.

*
* *

Face aux obstacles, le silence s'impose parfois comme une nécessité. Mais il faudrait qu'il fasse suffisamment de bruit pour activer l'intervention de Dieu.

*
* *

Dire que Jésus-Christ est notre Seigneur, c'est reconnaître en lui un droit, mieux, une autorité absolue sur nous.

*
* *

Le bonheur ne passe pas forcément par des chemins pénibles. Investir en Jésus-Christ est de loin le plus grand des bonheurs.

*
* *

Le triomphe de Christ à la croix a désacralisé l'effet irréversible et irrévocable de la mort comme finalité. Nous ne devons pas prêcher ce sur quoi nous n'avons pas une entière conviction.

*
* *

La prière doit être celle qui fait remonter notre plus profonde détresse pour mieux côtoyer l'allégresse de son assistance.

*
* *

La méconnaissance de Dieu est une preuve irréfutable de la futilité des actions que nous posons sur la terre.

*
* *

Humble comme Samuel, il n'y avait pas de plus belle grandeur que de céder ses fonctions face aux caprices du peuple. Mais la grandeur se matérialise aussi par le fait de ne jamais céder ce que l'on a reçu directement de Dieu, qui plus est, dans le secret.

*
* *

Les pleurs d'un vénérable comme Samuel n'ont pas pu faire rentrer Saül en grâce. Dieu n'était ni touché, ni atteint encore moins dérangé. Il y'a des situations où la pitié devient une faiblesse et les sentiments, une maladresse. Je veux aussi être dur comme Dieu, discipliné comme lui, si souvent, assez, pour me conformer à lui.

*
* *

Dieu dans sa souveraineté agit à dessein de manière évidente. Il tient compte du droit d'aînesse comme Jacob mais du droit des cadets David.

*
* *

Si la beauté ne suffit pas à dicter le choix de Dieu, elle n'est pourtant pas non plus un motif d'exclusion. Ne soyons pas plus austères que la Bible.

*
* *

Saül, c'est l'archétype d'une déchéance totale. La caractéristique même d'un homme qui mélange faute sur faute, qui refuse de se repentir malgré la fenêtre restée ouverte de Dieu, un entêtement dans la déraison. Dieu a-t-il été cruel ?

*
* *

Le fleuriste prend soin de ses fleurs mais ne peut s'empêcher de les voir faner. Christ prend soin de nous quitte à nous de rester planter près de ce courant d'eau qu'il est.

*
* *

Aussi belle est l'apparence du faux, à la guise du chrétien est donné le discernement. Discerner pour cerner le futile afin de viser l'utile. Discerner pour saisir la volonté de Dieu.

14

*

* *

La vocation suit l'élu, elle s'attache à l'appelé. La vocation est la voix de Dieu pour les hommes en Jésus-Christ. On ne peut la fuir, la contourner, l'exclure, la supprimer au risque de se retrouver dans la bouche d'un gros poisson.

*

* *

La vocation c'est le choix de Dieu. C'est le doigt de Dieu pointé sur l'homme comme c'est le regard de l'homme fixé vers Dieu. La vocation c'est la grandeur d'esprit dans l'unité de coeur, c'est l'amour de Dieu pour son serviteur.

*

* *

Fléchir les genoux ce n'est pas succomber au courroux de l'ennemi. C'est donner à l'ennemi l'impression de la défaite afin de préparer la répression d'une victoire bien faite, remporté au prix du sang de l'agneau.

*

* *

Loin de nous séparer de Jésus-Christ, certaines difficultés rencontrées sont le révélateur de notre niveau de foi en Dieu.

*

* *

La valeur de notre vie s'évalue au travers le sacrifice de Jésus-Christ. Et ça, c'est inestimable.

*

* *

Puisque notre vie est inestimable, aucune distraction ne doit nous détourner du bonheur de profiter à chaque instant de la présence de Dieu.

*

* *

L'intelligence ne se résume pas en des mots, des discours. L'intelligence c'est de savoir allier les exigences de la vie à la grâce que nous donne Dieu.

*

* *

L'amertume et les regrets d'un enfant de Dieu ne sont pas des signes de faiblesse. Ils précipitent souvent l'intervention de Dieu en leur faveur.

*
* *

La grâce et les promesses de Dieu pour nos vies sont plus grandes que la haine de ceux qui ne veulent pas nous voir avancer.

*
* *

Ceux qui cultivent les intérêts privés dans le champ de Dieu obtiennent la honte pour récolte.

*
* *

Face à la pression, l'enfant de Dieu répond par l'intensification de la prière et l'ouverture des oreilles aux orientations de Dieu.

*
* *

Pour suivre Jésus-Christ, il faut être prêt à porter la croix et non un oreiller.

*
* *

Nos espoirs et nos prières trouvent un écho dans l'amour de Dieu pour nous. Il nous répond au-delà de nos attentes car il nous connait mieux que nous-mêmes.

*
* *

La volonté de Dieu peut s'exercer même indépendamment de nos sentiments. Accepter sa volonté est un grand acte d'adoration et une porte de bénédictions.

*
* *

Connaître Dieu c'est se ranger derrière la ligne de conduite qu'il nous donne. Dieu n'aime pas les déviationnistes.

*
* *

La véritable foi n'a rien de superficielle. Elle puise toute son authenticité dans son alignement à la parole de Dieu et bâtit notre position d'enfant de Dieu.

*
* *

Notre qualité d'enfant de Dieu nous positionne au rang des priorités dans l'agenda de Dieu.

*
* *

La qualité d'enfant de Dieu est une position à faire valoir. Sa valeur inclut des droits mais aussi des devoirs envers Dieu.

*
* *

Malgré la vivacité de nos combats, la main de l'Éternel demeure d'une efficacité redoutable.

*
* *

L'attachement à Jésus-Christ est un acte de dévotion. C'est l'expression du besoin de demeurer éclairé par la véritable lumière.

*
* *

Nos vies sont de multiples questions qui trouvent meilleures réponses en Jésus-Christ.

*
* *

Le vrai succès ne se mesure pas des réalisations terrestres mais à la fidélité à Dieu et à l'impact de notre vie sur le cheminement de foi des autres.

*
* *

Jésus-Christ savait ravir la foule, autant étonnée par sa sagesse et son intelligence. Les largesses de sa compassion ont autant touché les coeurs même de ceux qui étaient commis à lui faire du mal.

*
* *

La fatigue est comme une digue qui cède sous le poids de la pression exercée sur elle. Tous ceux qui sont fatigués peuvent trouver en Jésus-Christ seul, l'allègement de tous leurs fardeaux. Il dit juste venez à moi...

*

* *

Cherche Dieu dans l'ordinaire pour vivre l'extraordinaire. N'approche pas le Seigneur pour recevoir mais pour donner de ta personne, de ton coeur. N'attends pas de lui des bénédictions mais attends toi à être constamment à son service. Que ton approche soit sincère, pure et désintéressé car ainsi, tu obtiendras même de que tu n'as pas demandé.

*
* *

La nouvelle naissance est une renaissance de l'esprit de l'homme, attachée à la Parole de Dieu qui en est le fondement.

*
* *

La volonté de Dieu est une bonté exercée dans l'exécution de son plan. Cette bonté nous ne l'activons pas, nous ne la suscitons pas, nous ne la forçons pas. La bonté fait partie de la nature même de Dieu.

*
* *

Une église qui harangue les foules sous les flots de discours séducteurs amène plus à la mort qu'à la vie. La bénédiction de Dieu consiste à faire comprendre à l'église que son bonheur passe par le brisement.

*
* *

Dieu ne peut se priver de son serviteur aussi longtemps que celui-ci ravit son coeur. Il prend donc en charge le bien-être et met fin à toute malveillance de l'adversaire. Il démantèle, déjoue et confond l'ennemi. Finalement il fait bon d'être enfant de Dieu.

*
* *

Réveiller l'ardeur d'un coeur, c'est le sortir de la torpeur dans laquelle il se trouve. Habité par la flamme du Saint Esprit, pas quand nous voulons mais chaque fois que le Seigneur aura besoin de nous. Et Dieu a besoin de nous à chaque instant.

*
* *

Le chrétien qui s'assoit même une seule fois à la table pour
négocier avec le diable, n'a pas sa place dans le royaume des
cieux.

*
* *

Tout et absolument tout vient du Seigneur Jésus-Christ. Nous
importons et nous exportons chez Jésus Christ et notre vie est
made Jésus-Christ. Pas de place pour la contrefaçon.

*
* *

La joie qui anime nos coeurs pour Jésus-Christ est plus forte que
les tentatives infructueuses du malin de nous déstabiliser.
Seulement, accrochons-nous à cette joie.

*
* *

Jésus-Christ est le chemin et non le parchemin par lequel
j'accède au Père.

*
* *

La foi c'est la confiance dans l'espérance et non la confiance
dans l'expérience.

*
* *

Le bonheur a de la valeur lorsqu'il vient de Jésus-Christ.

*
* *

La suffisance est une instance d'inconstance car pour qui
s'approche de Dieu aura toujours soif de sa présence. Et même
plein, nous en voulons davantage.

*
* *

Jésus-Christ est le repos de notre espérance, la réponse à notre
insistance, la solution à notre insconstance. Il est le rocher qui
solidifie notre détermination à le servir.

*
* *

La signature de Dieu n'est pas une rature ou une aventure dans
nos vies. Sa signature c'est sa grâce en nature pour nous.

*
* *

L'adoration est la cohésion d'action à l'attention du Roi des rois. Une action pure, honorable, digne des fils et filles de Roi.

*
* *

Une vie sans adoration du Seigneur Jésus-Christ est une vie sans vie. Car c'est Celui qu'on adore qui nous fait vivre.

*
* *

La nuit ne nuit pas à celui qui luit dans la lumière de Jésus Christ. Il est le fruit de la paix et ne fuit aucunement. Il n'est pas réduit au silence et son coeur bouillit d'affection pour son Sauveur.

*
* *

À la faveur de la grandeur de Dieu, la saveur d'adorer le Sauveur Jésus Christ est immense. Un bonheur à l'heure de gloire où sa splendeur s'étale au meilleur de ce qu'il nous donne.

*
* *

La Parole de Dieu libère l'homme. C'est une Parole de liberté et une Parole de persuasion, une Parole de réconciliation et une Parole de sanctification. La Parole de Dieu est le fondement de la foi.

*
* *

Il est très important de ne pas sous-estimer nos adversaires mais il est tout autant capital de ne pas les surestimer. Au-dessus de nous il n'y a que Dieu seul qui règne en Jésus-Christ.

*
* *

Celui qui persiste à demeurer dans l'erreur augmente de son séjour de perdition mais celui qui humilie son coeur devant le Seigneur Jésus-Christ, aura l'honneur de vivre dans le bonheur.

*
* *

Douce misère que celle qui nous rappelle sans cesse que nous sommes serviteurs du Dieu vivant. Chaque battement de nos coeurs nous met en face de nos responsabilités. Autant se remettre au Seigneur Jésus-Christ.

*
* *

Le vrai miracle c'est de voir Dieu lui-même se rabaisser comme un néant afin que l'homme, de surcroît ingrat, puisse être ramené sur le droit chemin. Le vrai miracle ce n'est pas l'oracle mais c'est l'amour.

*
* *

Aimer Dieu c'est admirer avec vivacité d'esprit, l'efficacité de son Esprit, qui transforme nos coeurs lents et froids en coeurs sobres et prompts pour remplir toute mission.

*
* *

Entendez-vous la voix du ciel ? Une voie plurielle et douce comme du miel ? Une voix qui nous appelle non à l'inquiétude ni à la désuétude mais à la quiétude et la mansuétude. Cette voix qui rassure nos coeurs c'est celle de Jésus-Christ.

*
* *

Il est des instants où le coeur est porté à la prière. Un sentiment de se rapprocher inéluctablement de Dieu pour converser avec lui. Pour ne rechercher que sa face et ne laisser la place à rien d'autres.

*
* *

La prédication de l'évangile n'est pas une vengeance. Il n'est pas lieu de faire des invectives mais plutôt de donner au peuple de Dieu les directives du Seigneur Jésus-Christ.

*
* *

Crise d'identité, frein de possibilités. L'identité chrétienne s'affirme, se réaffirme et se confirme au jour le jour. Nous devons veiller à notre identité.

*
* *

L'emploi et l'usage des moyens humains n'exclut ni la nécessité du secours divin, ni le sentiment de cette nécessité. Si l'Eternel ne bâtit, celui qui bâtit, bâtit en vain. Christ est à l'initiative, au cheminement et à la réalisation de toute chose.

*
* *

L'erreur ce n'est pas d'être tombé mais l'erreur c'est de croire qu'on ne peut pas se relever après être tombé. Tant que la présence de Jésus-Christ existe, l'espoir subsiste toujours.

*
* *

Si le monde ne va pas bien, ce n'est pas la faute au mal qui abonde mais c'est la faute au bien qui ne surabonde pas.

*
* *

On peut être en Égypte mais se comporter comme Joseph, on peut être à Babylone mais se comporter comme Daniel.

*
* *

L'atmosphère de la prière est une sphère où Dieu opère en nous communiquant son savoir-faire.

*
* *

Même si nous n'avons pas de repère dans ce monde, nous avons l'assurance d'avoir un Père dans le ciel.

*
* *

La résurrection de Jésus Christ est un scandale pour ceux qui ne croient pas, un drame pour ceux qui combattent la foi. Pour nous, c'est une question de principe. Nous croyons et nous y sommes grandement attachés.

*
* *

La résurrection de Jésus-Christ est une certitude et elle nous invite à changer d'attitude en appliquant de bonnes habitudes.

*
* *

Même au fond d'un trou, dans une déchéance totale, l'Esprit de Dieu nous fortifie et la Parole de Dieu nous rassure que l'échéance des temps durs est fixée. Il n'y a donc pas lieu de s'alarmer car Dieu est au contrôle.

*
* *

C'est sous les rayons bienfaisants de l'amour de Jésus-Christ que
le coeur de l'homme, glacé par le froid du péché, se fond et que
les eaux de la repentance coulent librement.

*
* *

Le monde est intéressé par ses affaires mais il y aura un jour où
Dieu va affairer tout le monde vers lui. Ce jour merveilleux pour
les uns et triste pour d'autres sera l'occasion de sonner la fin de
la récréation.

*
* *

Être rempli par l'Esprit nous modèle et nous rends exemplaire,
prompts à plaire à Celui de qui nous avons l'image. La plénitude
du Saint-Esprit nous conduit auprès du Père.

*
* *

L'Esprit de Dieu nous transcende si bien que nous devenions
différents de ce que les gens connaissent de nous. Être
transcendé c'est descendre dans la plus profonde humilité pour
donner toute possibilité à Dieu de nous façonner à sa façon. Dieu
n'utilise pas les coeurs durs et réfractaires.

*
* *

Les dispositions et les prédispositions de Dieu commencent dès
l'instant où l'homme comprend l'état déplorable de sa condition
et accepte une totale rémission par Christ.

*
* *

La repentance est le mécanisme qui enclenche le renouveau
dans l'Esprit humain.

*
* *

La connexion à Dieu transforme l'atmosphère hostile de la terre
à la grâce de l'asile auprès de Dieu. Avec Dieu, nous nous
sentons en sécurité partout où nous nous trouvons.

*
* *

Etre enfant de Dieu est devenu un privilège rare et grâce inouïe.

*

* *

La marche vers la vérité est rectiligne et elle nous conduit directement vers le trône de Dieu.

*
* *

Le temps peut être aride, les saisons mauvaises, les périodes ternes mais jamais nous ne détournerons nos coeurs des promesses attachées à notre amour pour Christ.

*
* *

Les promesses de Dieu sont insondables et immuables. Elles gratifient les coeurs tendres, les guident vers la confiance en Dieu et conduisent à la fidélité à Christ. Oui davantage, ce qui nous attend est grand et ça vaut le coup de s'accrocher.

*
* *

Si la victoire se conquiert, elle requiert un dévouement absolu pour celui de qui nous tirons victoire. Car, chaque instant passé avec Christ est une victoire de plus sur le monde des ténèbres.

*
* *

La connaissance de l'amour de Jésus-Christ est le vase de sel, qui peut seule, transformer les eaux amères du remords en eaux saines de repentance.

*
* *

La marche chrétienne c'est du christo-centrisme pour ne pas être emporté par le vent séducteur de fausses doctrines. Une foi sans poids est comme la loi sans oeuvre de la croix.

*
* *

La naissance de Christ est le sceau qui marque la fin de l'emprise hégémonique du malin. Désormais, Jésus-Christ devient le radar de notre vie. Quiconque voudra nous nuire devra passer par le Fils du Dieu vivant.

*
* *

J'aime Jésus car très vite, il apprendra les exigences du charpentier, le bois, le marteau et les clous. Est ce que ceux de Golgotha pouvait le faire peur ?

*
* *

La vocation qui est la nôtre est celle d'avoir compris que nous sommes des moteurs du changement. S'il y'a les gens découragés, abattus, déçus par la vie, notre vocation est de leur dire que Jésus-Christ est la solution à tous les problèmes.

*
* *

La vocation n'est pas un jeu ni de légèreté. Nous y tenons tant car d'elle découle notre bénédiction.

*
* *

Le problème n'est pas tant les responsabilités qu'on reçoit mais le problème c'est le complexe que nous avons face à ceux devant qui nous devons assumer nos responsabilités.

*
* *

Nous ne pouvons pas empêchez le diable de passer sur notre avenue mais nous pouvons l'empêcher de s'arrêter à notre porte.

*
* *

Ne chassons pas les sentiments et les émotions c'est le propre de l'humanité, la même que Jésus-Christ a partagé sur la terre.

*
* *

Le choix de pécher ne dépend pas de celui qui nous tente mais dépend de notre décision de nous opposer à Dieu. C'est un choix hasardeux et dangereux car somme toute, notre vie ressemble à un interrupteur dont Dieu est le gestionnaire.

*
* *

Ayant connu l'amour de Dieu, il ne fait l'ombre d'aucun doute qu'en nous sommeille la flamme vive qui nous pousse toujours, même sans le vouloir, à consulter le ciel.

*
* *

L'église doit aussi passer par une phase de recyclage car certains se sont inscrit dans le confort de l'impunité et de l'indiscipline. C'est incommodant et ça n'honore pas Dieu.

*
* *

L'amour couvre tout et non couve tout. Car couvrir c'est contenir l'explosion mais couver c'est favoriser l'explosion. La poule couve ses oeufs pour l'éclosion.

*
* *

Le pardon de Dieu est un nouveau départ. Son pardon n'est pas un billet retour pour rentrer là où nous étions. Soyons ferme, courageux et disons non au sous-développement spirituel.

*
* *

Il prend des zéros couvert d'opprobre et en fait des héros. Il renverse les pronostics et change la dynamique. Il est le Dieu de changement spectaculaire.

*
* *

La foi en Jésus-Christ nous permet de réfléchir par construction en érigeant Christ comme l'unique architecte de notre vie.

*
* *

Si l'influence du malin est tentaculaire, l'impact de la délivrance de Jésus-Christ est spectaculaire. Il n'y a rien de plus grand et merveilleux que les oeuvres de Dieu dans nos vies. Nous réaffirmons notre attachement à sa Majesté.

*
* *

Il a quitté la stature royale pour la posture banale d'un brigand. Maître d'une grande armée, il s'est vu comme un traître solitaire. Le Dieu parfait se retrouvant en homme défait à cause de mon péché. Quelle douleur dans mon coeur d'avoir été la cause d'un tel châtiment! Redevable à jamais à Jésus-Christ.

*
* *

Vivre dans l'impunité n'est pas une immunité. C'est le triste decor d'une vie en totale désaccord avec la volonté du Seigneur. Et dire que cet état de chose n'est pas pour demeurer, nous devons rectifier le tir.

*

* *

Pour ce qui est de la révolution, elle est patiente et elle se développe à mesure que l'ennemi accumule des erreurs.

*

* *

Gérer le peuple c'est gérer son coeur et non son apparence. La revolution de Jésus nous conduit vers le trône de Dieu.

*

* *

La résignation n'est pas le propre d'un enfant de Dieu. Au contraire, face à l'adversité, la détermination sonne comme le mot juste contre vents et marées.

*

* *

Les hommes célèbres sont le produit d'une enfance malheureuse. Une enfance où l'on a pour seul ami la solitude. Et c'est de cette solitude que naît le désir d'altitude. Et Jesus-Christ se pose en escalier de notre élévation.

*

* *

La prière éteint les traits enflammés de l'ennemi. Être un homme et une femme de prière c'est consacrer sa vie à parler avec Dieu sans regarder en arrière.

*

* *

Plus les jours avancent et plus la nécessité de s'accrocher à Dieu se fait plus évidente. Car autant tout est vanité, avoir Jésus-Christ est un gain d'une valeur inestimable.

*

* *

En se faisant une représentation de l'enfer, on a tendance à y voir le prochain et en pensant au paradis de s'y voir soi-même. Or le véritable amour consiste à souhaiter un enfer vide et un paradis plein.

*
* *

La tribune de la croix était élevée afin que tous voyent et croient que Jesus-Christ est le Seigneur et Sauveur.

*
* *

L'amour de Dieu envers l'homme s'exprime en terme de sécurité. Sécurité sociale, alimentaire, spirituelle.... Ajoutez-en et qu'il en soit ainsi dans votre vie.

*
* *

La foi est la dimension de créer du néant. Elle nous permet de puisser dans le dépôt de Dieu avant que la chose ne sorte aux regards du commun des mortels.

*
* *

C'est très simple, la foi c'est voir en étant aveugle, marcher en étant boiteux, parler en étant muet, entendre en étant sourd. Croire en son coeur et vivre avec cette conviction.

*
* *

Si la démocratie a démontré ses limtes, c'est que depuis l'histoire de l'humanité, Dieu a toujours gardé le contrôle sur chaque chose, petite comme grande.

*
* *

Le mysticisme est le cynisme développé par l'homme. Notre foi, objet de grâce, se base sur la volonté souveraine de l'Eternel Dieu, en qui repose tous nos espoirs.

*
* *

La conversion de Paul lui a donné un nouvel élan, lequel a redéfini sa mission et libéralisé son action. Désormais il n'était plus redevable à aucun homme et sa grâce n'était valable qu'avec l'appui du Seigneur Jésus-Christ.

*
* *

L'effectivité comme l'efficacité de la délivrance survient lorsque la confiance en Dieu devient supérieure au problème qui nous emprisonne.

*
* *

La révélation de ce qu'est Jésus-Christ constitue la consécration de la délivrance des vies soumises aux chaînes des ténèbres. Évidemment les ténèbres ne règneront pas toujours.

*
* *

Le passé rend nostalgique lorsqu'on est dans l'incapacité de faire du présent un facteur d'exploits retentissants pour le futur.

*
* *

Le Saint Esprit dans nos coeurs agit avec un effet optimal. Il change nos attitudes en redéfinissant nos priorités afin de toujours donner la supériorité à Jésus-Christ.

*
* *

Le Saint-Esprit est un ratisseur mieux un déblayeur. Il rappelle à la conscience qu'aucun savon ne peut rendre propre si ce n'est être trempé dans le sang de Jésus Christ.

*
* *

Le Saint-Esprit est un bâtisseur. Il forge notre personnalité en nous donnant la carrure et l'aspect des enfants de Dieu.

*
* *

Le salut n'est pas un mythe ou une légende. C'est un don exceptionnel.

*
* *

Il est de l'ordre de la parole de Dieu de faire une séparation entre ce qui relève de la lumière et ce qui relève des ténèbres. Et non sans faute, les ténèbres ne regneront pas toujours.

*
* *

L'amour de Dieu ne s'exprime pas à coups de déclaration mais par des observations silencieuses et parfois douloureuses que seule la foi peut voir comme un lien d'affection.

*
* *

Réfléchir, écrire sans infléchir sa pensée. Le mouvement de la réflexion est une quête qui conduit à la révélation des choses cachées par le truchement du Saint-Esprit.

*
* *

Réfléchir, lire sans fléchir son regard. Le mouvement de la réflexion est une conquête qui conduit à saisir de façon réelle les promesses de Dieu révélées au moyen de la foi en Jésus-Christ.

*
* *

Réfléchir, prier sans cesse. Le mouvement de la réflexion est une requête qui associe notre état de besoin à la considération que Dieu est le rémunérateur de ceux qui le cherchent.

*
* *

Réfléchir, vivre heureux. Le mouvement de la réflexion est une enquête qui nous plonge dans la connaissance de qui nous sommes et la découverte de ce à quoi nous sommes appelés à faire pour vivre heureux sous la grâce de Dieu.

*
* *

C'est de l'ombre de la nuit que sont les étoiles et du clair du jour que le soleil est. De nuit comme de jour, l'amour de Dieu demeure.

*
* *

La foi de beaucoup de gens nous impose de nous poser sur le terreau de l'humanité pour ne pas démontrer la solennité de notre divinité.

*
* *

En criant *"Père pourquoi m'as-tu abandonné?"*, Jésus-Christ ne fait pas de reproches à Dieu mais consacre l'abandon transformé en don pour l'humanité.

*
* *

L'ingéniosité de Joseph n'a pas aidé que sa famille mais l'Égypte en a aussi profité.

*

*
* *

C'est assez étrange d'imaginer que Joseph ait pu construire des greniers qui stockeraient les vivres pour 7 ans de disette. En fait, chaque fois que le grenier se fermait, Dieu ouvrait la providence.

*
* *

David n'a pas su manœuvrer l'épée et l'armure de Saul mais bizarrement celle de Goliath.

*
* *

Sur les ruines d'un empire se construit un autre empire. Ainsi sur les ruines de notre déchéance, s'est construit le royaume de Dieu.

*
* *

Henoc marcha avec Dieu, vécut 365 ans et il fut pris sans passer par la mort. Son âge et la manière dont il est parti importe peu. Quelle était sa marche pour recevoir un si grand témoignage ?

*
* *

Dieu est bon dans toutes ses grâces. Le ciel est son ouvrage, la terre est son travail, la mer est sa création, l'homme est son oeuvre et sa propre image.

*
* *

Intimité avec Dieu est inimitié pour le monde.

*
* *

Les faveurs de L'Eternel ne sont pas une corruption. C'est le trait caractéristique d'un Père responsable, qui sait couvrir son peuple de son amour.

*
* *

À qui profite la fin du monde si même les chrétiens n'y sont pas prêts?

*
* *

Il n'est donné à aucun homme de tirer quelque chose du néant. Il faut même à l'imagination la plus heureuse un point de départ et un point d'appui. Cet élément c'est Jésus-Christ.

*
* *

Lorsqu'un homme, dans la plus profonde humilité, glorifié le nom de Jésus-Christ, Christ le glorifiera dans la plus profonde clarté aux yeux de tous.

*
* *

Si la nature de ce qui brille est cachée, son éclat doit être révélé afin de rendre témoignage à celui qui élève et qui restaure.

*
* *

Un service juste s'accompagne toujours d'un revêtement d'autorité et de puissance. Car là où Dieu agit, le malin déguerpit. C'est une question de respect.

*
* *

Le témoignage n'est pas ce qu'on dit de nous mais ce qui se dégage de ce que l'on est réellement. Un soldat de Christ bien qu'ayant un bon coeur doit être impitoyable face à l'ennemi.

*
* *

Source et objet de gloire. Dieu s'est suffisamment rendu indispensable pour que nous puissions passer outre son autorité.

*
* *

Nos peurs sont dissipées par la présence de celui qui a tout bravé pour nous. Le nom de Jésus-Christ est un code de sécurité et nous donne accès à la quiétude.

*
* *

La grandeur de Dieu se mesure aussi par l'immensité de notre petitesse. Nous savons donc éminemment que Dieu est infiniment grand.

*
* *

Ce qui nous caractérise n'est pas la conformité d'avec le monde mais notre uniformité avec Jésus-Christ. Et c'est ce qui nous rend spéciaux au reste du monde.

*
* *

Saisir la grâce de Dieu est une lutte de chaque jour. Entre calomnies, injures et frustrations, il faut trouver le coeur de continuer à suivre celui qui nous appelle à la tâche.

*
* *

Acteur ou farceur ? Chacune de nos actions détermine ce que nous sommes dans le service du Seigneur. Alors, acteur ou farceur ?

*
* *

Si on ne peut être partout à la fois, nos prières ferventes peuvent toucher n'importe quelle cible au travers le monde car, nous avons un Dieu de précision.

*
* *

La spiritualité ne doit pas entraver les relations sociales. Il faut savoir gérer nos liens avec nos prochains avec amour car après tout, l'amour de Dieu s'étend dans tous les secteurs de vie.

*
* *

Dieu nous rend minutieux et capable d'accorder de l'importance à ce que les autres voient comme insignifiant. C'est par des petites choses que Dieu élève ses enfants.

*
* *

L'accomplissement des promesses de Dieu réduit au silence ceux qui nous combattent et étale à la face du monde, la grandeur de notre Dieu.

*
* *

L'oeuvre de la croix est un devoir de responsabilité, celui de
s'attacher et garder le salut que l'on a obtenu à un si grand prix,
celui du sang de Christ.

*
* *

Nos plus profondes contradictions naissent de notre propre
volonté de ne pas nous aligner sur Jésus-Christ et son œuvre
rédemptrice.

*
* *

Par l'œuvre de Jésus-Christ, notre passé n'est plus une prison
mais un tremplin au service du témoignage de la gloire de Dieu.

*
* *

Certaines souffrances arrivent non pas parce que nous les avons
provoquées mais parce que nous sommes le choix de Dieu.

*
* *

Si le choix de Dieu nous crée des ennuis, Dieu devient de facto
le garant de notre protection.

*
* *

Chaque action de Dieu est guidée par l'idéal de nous faire du
bien car Dieu se définit par sa bonté infinie.

*
* *

La première clé de l'adoration est l'attitude. Une bonne attitude
conduit à l'altitude dans la béatitude de Dieu.

*
* *

Ne tiens pas pour acquis ce que Dieu veut que tu cherche mais
tiens pour conquis ce en quoi tu espères.

*
* *

Si Dieu ne vous dit pas ce que vous êtes ni ce que vous faites
alors il vous encourage à la perdition.

*
* *

La précarité de notre situation doit toujours nous pousser à légaliser notre approche auprès de Dieu. On ne peut pas vivre sur terre comme des rejetés.

*
* *

La Parole de Dieu façonne l'homme et l'aiguise pour mener une vie en parfaite harmonie avec le créateur. Elle est l'essence de la vie, celle qui donne un sens à l'existence.

*
* *

La Parole de Dieu n'est pas un tas d'écrits autrement on l'appelerai lettre mais c'est la vie qui ressort de ce qui est écrit de sorte qu'elle vivifie tous ceux qui se confie en elle.

*
* *

La prière est un réservoir dont la parole de Dieu est le détonateur. Son contenu peut changer une vie si elle explose au bon moment, au bon endroit.

*
* *

La prière est un acte fondateur de l'action de Dieu envers l'homme qu'il aime et dont le désir le plus profond est de le voir réussir dans toutes entreprises.

*
* *

La prière est le reflet de la pensée de Dieu par l'expression de nos mots. Pour bien prier il faut donc être lié à celui à qui s'adresse nos prières.

*
* *

Tant que le souffle de vie est gratuit, ne rendons pas l'amour envers le prochain cher comme de l'or.

*
* *

Il suffisait d'un mot pour nous sauver mais lui a préférer porter tous nos maux afin que nos bouches soient remplies de suffisamment de mots pour l'exalter.

*
* *

Il fallut juste un geste, un signe pour notre délivrance mais il s'est rendu indigne comme insigne afin que nous soyons dignes d'être appelé enfant de Dieu. Ce que Jésus a fait.

*
* *

Il a enseigné et donné fidèlement ce qu'il a reçu car sa gloire résidait dans l'obéissance à son Père. #Ce que Jésus a fait.

*
* *

Il est berger, maître, guide, ami, conseiller, consolateur... Autant de fonctions avec la certitude qu'il les assume efficacement. Et nous, assumons-nous nos rôles ? #Ce que Jésus a fait.

*
* *

En faisant preuve de déférence même dans les moindres détails, Jésus a rendu sa victoire nette et sans bavure. Une victoire qui fait l'objet de notre admiration. #Ce que Jésus a fait.

*
* *

En mettant l'homme a l'épreuve, Dieu se met lui même à l'épreuve de bénir l'homme qui surmontera la sienne.

*
* *

L'adoration est le triomphe de la gloire de Dieu sur toutes choses. Participer à ce triomphe est exceptionnel.

*
* *

Ce n'est pas pour la gloire ni pour les honneurs que nous servons Jésus-Christ mais c'est parce que nous avons suffisamment compris qu'il n'y a que ça à faire sur terre.

*
* *

Si par haine le monde humilie, Christ, par amour nous justifie.

*
* *

Le rapport à la perfection est relatif à la considération que nous avons de Dieu. Plus il est grand en nous plus il est possible d'accéder à cet état.

*

* *

Parler de philosophie divine pour qualifier ce que nous faisons est une déroute. Ce n'est pas par la raison que nous croyons en Christ mais par la foi.

*

* *

En s'approchant de Dieu hors des habitudes, Zacharie est ressorti avec la naissance d'un enfant inattendu.

*

* *

Certaines situations que nous avons appelées échecs se sont avérées bien plus tard être les semences qui ont portées des bénédictions exceptionnelles.

*

* *

La religion n'est une boîte de rêves et de songes. La foi chrétienne doit pouvoir transformer les rêves en réalités.

*

* *

Si le chrétien ne se projette pas avec objectivité sur sa mission, il aura raté son passage sur la terre. Comprendre sa mission c'est justement l'exercer.

*

* *

Si nous n'avons de limites qu'à critiquer les autres sans rien faire, nous sommes semblables à une coquille vide. Justement elle n'a pas d'utilité.

*

* *

Le salut est si grand et si précieux qu'il ne suffit pas de dormir sur cet acquis. Il est comme un trésor que l'on doit protéger car c'est à un grand prix que Christ nous l'a donné.

*

* *

La vie a des réalités, bonnes ou mauvaises, heureuses ou tristes mais elle a aussi une assurance c'est que, placé en Jésus-Christ, elle n'est pas un gâchis mais une école où l'on sort toujours victorieux.

*

* *

Il ne vaut donc pas de dire que le monde est méchant car c'est un fait. Ce qu'il vaut mieux célébrer c'est l'amour de Dieu qui est au dessus même de la méchanceté du monde. C'est la un motif de joie.

*
* *

Servir l'église c'est avoir un grand coeur. Car si ça ne dépendait que de l'esprit humain, certaines choses se seraient soldées à grands coups de point. Heureusement...

*
* *

L'action de Christ est de modeler le coeur du serviteur en insérant un volume de compassion et d'affection pour la cause du Seigneur. C'est cela qui rend attrayant l'oeuvre de Dieu.

*
* *

La Parole de Dieu est la base de toute considération. Elle n'est pas un lien intellectuel mais spirituel qui nous guide la vie vers le royaume de Dieu.

*
* *

Dieu est à même d'ouvrir des brèches là où les obstacles semblent s'être renforcés. Rien ni personne ne peut résister à la toute puissance de Jésus-Christ.

*
* *

Si ce qu'on appelle bénédiction est le résultat de nos calculs alors c'est faire de Dieu un faux mathématicien.

*
* *

La bénédiction de Dieu est précise, claire et concise. Elle répond au besoin de Dieu de nous voir jouir de sa grâce sur la terre.

*
* *

La bénédiction de Dieu est un soulagement pour le coeur, un réconfort dans la peine, un bonheur inexprimable. C'est le refrain de l'amour de Dieu pour nous.

*
* *

La bénédiction de Dieu ne vient pas par des voies détournées. Elle exprime l'affection que Dieu porte à ses enfants, sa joie de nous faire du bien et surtout son désir de nous voir rester constamment attaché à lui.

*
* *

À la frontière de l'ignorance se trouve la grâce de Dieu, riche et pleine de bonheur. Il suffit juste de la traverser pour saisir avec efficience les bienfaits de l'amour de Dieu.

*
* *

Il y'a ceux qui ont des fonctions et ne font rien et ceux qui aspirent aux fonctions sans les avoir. Entre les deux, il y'a une vérité. Dieu juge aussi bien les actions que les intentions.

*
* *

Dieu se plait-il des faiblesses de ses serviteurs ? Soit le serviteur n'est pas à la hauteur soit son incompétence sert les desseins de Dieu.

*
* *

L'appel de Dieu c'est avant tout un pacte de responsabilité. Responsabilité envers Dieu, envers soi et envers les autres.

*
* *

Face à l'adversité, quand faiblit la force et face au désarroi, n'acceptez jamais d'éteindre la lueur d'espoir qui brille en vous. Car cette lumière c'est Jésus-Christ.

*
* *

L'adversité ne réduit pas la possibilité de se tourner vers Dieu. Au demeurant il reste attentif et réceptif à notre situation.

*
* *

L'adversité n'est pas une calamité. Elle définie qui nous sommes en ressortant le caractère victorieux de Christ. Elle est une marche de l'escalier vers la gloire de Dieu.

*
* *

L'adversité n'est pas le soin d'étaler notre fragilité mais de nous ouvrir à l'agilité de Dieu. Notre regard défini ce que l'on reçoit.

*
* *

La force n'est pas ce que l'on présente aux autres mais la capacité à se reproduire et à se renouveler. En tenant compte de cela, Jésus-Christ seul est notre force.

*
* *

Christ n'avait de confiance qu'en lui-même. Parole par excellence, il n'était ni influencé ni troublé par les gens.

*
* *

La religion draine les foules, la grâce les accueille et la foi les sélectionne. Beaucoup sont appelés mais peu sont reçus.

*
* *

Le chrétien c'est avant tout un exemple de regularité et de viabilité car il sait qu'aussi longtemps durera sa vie sur terre, jamais il ne se détachera de l'amour de Christ.

*
* *

La parole de Dieu oriente, conduit et façonne l'homme. En l'entendant, ce que l'on devient diffère de ce qu'on a été.

*
* *

Si la prière est la clé qui ouvre des voies du Seigneur, la Parole de Dieu est la serrure taillée sur mesure pour elle. À chaque serrure correspond une clé bien déterminée.

*
* *

La résurrection de Christ est la proclamation de la vie sur la mort. La mort comme étape et la vie comme finalité.

*
* *

La prière est un espace où l'on cherche Dieu dans une dimension autre que celle de simple gens. C'est le signe de notre appartenance à son royaume.

*

* *

La prière fervente est remplie de la soif de rencontrer la pensée de Dieu. Et les mots nous serons donnés pour exprimer au mieux le ressenti du Seigneur.

*

* *

La mort de Jésus n'était pas une finalité. Elle a mis en avant la force qui triomphe des ténèbres. Et fort de cet héritage, nous aussi nous triomphons du malin par Christ.

*

* *

Le sang de Jésus-Christ a légitimité et légalisé notre existence. En le versant pour nous, Christ à réduit à néant les tentatives du malin de nous atteindre. Un enfant de Dieu marche la tête haute.

*

* *

Christ n'est pas mort en vain. La vanité c'était de croire qu'il était malfaiteur car bien plus tard on aura compris que c'est de nos défauts qu'il s'était chargé.

*

* *

La résurrection de Jésus-Christ est un vibrant appel à la responsabilité. Une délivrance sans prise de conscience est un double emprisonnement.

*

* *

La résurrection de Jésus-Christ marque plus que jamais la victoire du plan de Dieu sur l'ennemi. C'est la consécration du bien sur le mal. C'est le sceau de la justice sur l'injustice.

*

* *

La joie des injustes est dérisoire et provisoire car la justice de Dieu donne au juste une victoire sans tache marquée par l'éclat de sa gloire.

*

* *

Ils verront que vous avez changé. Ils se demanderont comment est-ce possible. Vous leur direz que rien est impossible à Dieu.

*
* *

Aussi difficile que peut être une situation, si la lueur d'espoir reste intacte c'est que la difficulté est un tremplin pour la gloire de Dieu.

*
* *

Le paradis sans Dieu n'existe pas autrement c'est l'enfer. Le plus important c'est l'endroit où se trouve Dieu.

*
* *

Le bonheur n'est pas à chercher ailleurs que dans la présence de Dieu. Jamais nous n'avons imaginé bâtir notre vie en dehors de son giron.

*
* *

La parole de Dieu est le cadre d'épanouissement de notre âme et la sphère de rayonnement de notre vie. Tout a été construit autour d'elle et rien de ce que nous voulons bâtir ne sera fait sans elle.

*
* *

Les lauriers d'un labeur bien fait ne doivent pas être partagés avec les paresseux. C'est une classe que Dieu n'encourage pas.

*
* *

En partageant notre peine, Christ prend une part importante de notre vie pour nous transmettre une part importante de la sienne. C'est un domaine de compétence partagé.

*
* *

Peut être que l'image actuelle ne révèle pas qui vous serez. Après tout le fruit n'a de la valeur qu'à l'état de maturité. Mais pour Dieu la valeur réside dans le plan même de notre existence.

42

*
* *

La réussite c'est un geste, un sourire, une lumière. C'est au bon soin de ceux qui aiment profondément le Seigneur et qui ne vivent que pour l'honorer.

*
* *

Autant nous n'avons pas demandé à naître autant il ne nous revient pas de décider de quand partir. Le plus important est de faire ce pourquoi Dieu a voulu que nous soyons là. Nous aurons ainsi joint l'utile à l'agréable.

*
* *

La guerre existe et ses dégâts aussi. Dieu comme bouclier existe aussi. C'est à cette vérité que nous nous attachons le plus.

*
* *

Certaines situations exigent une certaine posture. Une forme d'attitude qui donne à Dieu la latitude de restaurer son autorité dans notre vie.

*
* *

Pour avoir connu une forme d'abaissement, Christ nous prédispose au relèvement. Car la finalité de son sacrifice était notre bénéfice.

*
* *

La relation avec Dieu est source de bénédictions. En trouvant en lui un interlocuteur fiable, Il prend soin de nous être agréable.

*
* *

La relation avec Dieu est fusionnelle. En trouvant en lui notre tout, nous n'avons pas à craindre du vide de ce monde.

*
* *

La relation avec Dieu est spirituelle. En trouvant en lui notre modèle, nous faisons par l'Esprit toutes formes de prière qui par sa grâce, ont un niveau d'exaucement élevé.

*
* *

La relation avec Dieu est émotive. En trouvant en lui le parfait amour, nous apprenons à aimer et à vivre dans la diversité, concédant parfois notre raison pour l'harmonie de la vie.

*
* *

La religion pour apaiser les consciences trahie le fossé entre Dieu et le monde, éloigne sa miséricorde et cache sa grâce.

*
* *

La subjectivité dans l'exercice du service de Dieu consacre la faiblesse de ceux qui prétendent servir Dieu avec justice. Elle expose leur propre injustice.

*
* *

Connaître la Parole de Dieu ce n'est pas entrer dans les hauteurs spirituelles mais dans les profondeurs spirituelles. Car là seulement se trouve la révélation.

*
* *

La souffrance de la vie n'occulte en rien le désir de Dieu de nous faire vivre le bonheur. Nous nous accrochons à sa Parole qui, s'accomplira en depit des circonstances.

*
* *

La patience met à jour notre aptitude à recevoir les bénédictions de Dieu au bon moment et au bon endroit.

*
* *

L'étage supérieur de la connaissance c'est la totale rémission en Christ.

*
* *

La construction de la vie en Christ est faite de liens. Certains doivent être renforcés et d'autres brisés.

*
* *

En prouvant qu'il est notre sauveur, Christ ne nous appelle pas à prouver son amour mais à être la preuve même de son amour.

*
* *

Le besoin de demeurer dans le passé empêche beaucoup de connaître la joie de leur avenir. On ne peut lire deux livres à la fois. L'un doit être fermé pour saisir l'autre.

*
* *

Le pain de l'Egypte était bon mais il était au goût de l'esclavage. On ne saisi le bonheur de la vie que lorsqu'on est libre. Tel était l'objectif de Christ en nous libérant.

*
* *

Ce que l'on récuse avec véhémence peut être ce qu'on défendra avec diligence. C'est pourquoi il revient à Dieu seul d'orienter la conduite à prendre dans chaque situation. Car il n'y a de vrai que ce qu'il tient pour Vérité.

*
* *

Israël n'avait d'avenir que dans Canaan. Loin des promesses de Dieu, tout ce que nous obtenons n'est que vanité et poursuite du vent.

*
* *

Les épreuves de la vie ne doivent pas remettre en question la bonté de Dieu à notre égard. Et parfois les épreuves nous remettent en question en proclamant la souveraineté de Dieu.

*
* *

Le meilleur moyen d'honorer la mémoire de ceux qui nous ont laissé c'est de s'accrocher à Christ et continuer à servir avec force.

*
* *

La vie n'est pas linéaire mais elle doit avoir un but. Et si Dieu veut bien que nous vivions, c'est certainement pour accomplir un but. Rater le but c'est rater sa vie.

*
* *

Si nous n'avons toujours pas fait des bons choix, Dieu s'est lui, toujours montré être une alternative à nos défaillances.

*
* *

Ce que Dieu est pour nous doit transparaître dans ce que nous sommes pour les autres. Car nous sommes le reflet de l'amour de Dieu pour le monde.

*
* *

Dieu est le seul qui nous justifie et lave notre honneur. Et quand il le fait, il amène nos détracteurs à reconnaître qu'il n'y a qu'un seul et vrai Dieu, Père de notre Seigneur Jésus-Christ.

*
* *

Derrière chaque serviteur se cache une mission et des dons. Dieu est très regardant à l'accomplissement de son oeuvre.

*
* *

On ne peut pas connaître Jésus-Christ si on ne connaît pas sa Parole. Prétendre connaître l'un sans connaître l'autre c'est comme puiser de l'eau dans un seau troué.

*
* *

Ceux pour qui la Parole de Dieu a pleine autorité dans leur vie vivent au quotidien l'Emmanuel, Dieu parmi nous.

*
* *

Christ est suffisamment parfait pour que nous l'indexions sur nos manquements. C'est à nous de nous conformer et non l'inverse.

*
* *

Beaucoup ont pris goût à fixer leurs conditions à Dieu dans son oeuvre. Chacun veut oeuvrer selon ses préférences.

*
* *

Vouloir que Dieu parle dans nos situations c'est être sûr que son silence n'aurait pas été la meilleure chose possible car sa parole est décisive.

*
* *

Quand on n'a pas connu Christ ni son oeuvre à la croix, on a l'air de penser que c'était son affaire personnelle.

*
* *

La vérité est une grâce, tellement précieuse que tout le monde ne peut l'avoir. Elle est certes offerte à tous mais peu la reçoive.

*
* *

L'oeuvre de Dieu est la chose la plus delicate. Comme une épée à double tranchant, elle bénit ou maudit. Dans ce vaste champ, il faut beaucoup de souplesse.

*
* *

L'oeuvre de Dieu est le révélateur de notre affection pour Dieu. On ne peut pas l'aimer et ne pas le démontrer.

*
* *

On ne fait pas d'économie en servant Jésus-Christ car la réserve de grâce est encore remplie. Dieu cherche des adorateurs pas des économistes.

*
* *

Il est important de croire en Christ mais que veut dire croire? C'est porter son esprit si loin de la réalité pour toucher la vérité.

*
* *

Dieu accepte certaines de nos déceptions car assurément notre bonheur ne se trouvait pas dans ce en quoi nous avions investit nos pensées.

*
* *

Celui qui est rempli des promesses de Dieu ne perd jamais espoir. Son coeur bat au rythme de l'assurance que lui procure le nom de Jésus-Christ.

*
* *

Le parcours d'un enfant de Dieu est toujours jonché d'obstacles. Heureusement que ce n'est que le parcours.

*
* *

Le bonheur n'est pas forcément ce qui nous arrive de mieux à nous mais c'est aussi de voir Dieu agir puissamment dans la vie du prochain.

*
* *

Derrière les paroles de bon sens que nous donne Christ, se révèle le dur exercice de se mettre en pratique. On doit réduire l'écart entre ce que l'on dit et ce que l'on fait.

*
* *

Personne n'est maître de son souffle. Le coeur le plus incrédule devrait s'incliner devant Dieu car tout est en son pouvoir.

*
* *

Être grand ce n'est pas forcément faire ce que l'on veut mais c'est aussi faire ce que les autres veulent en gardant à coeur de plaire à Dieu.

*
* *

Dans la vie il n'y a pas de hasard. C'est la main même de Dieu qui amène les besoins des uns en contact avec le secours des autres. Il fait aimer son prochain comme soi-même.

*
* *

En faisant de Dieu notre priorité absolue, nous inscrivons dans son agenda nos besoins comme ses priorités absolues.

*
* *

Les bonnes vertus n'ont de racines en nous que lorsque nous nous enracinons dans la Parole de Dieu. C'est le socle de notre existence, le foyer de la souveraineté de Dieu.

*
* *

La vie est devenue comme un film d'horreur et tout devient surréaliste. Aussi bien ce que nous voyons comme ce que nous entendons. Plus encore la Parole de Dieu trouve son intérêt à nous rappeler que notre cité à nous c'est dans le ciel.

*
* *

Les promesses de Dieu sont certaines. Sa Parole est trop puissante pour pouvoir se contredire. Ce qu'il dit s'accomplira sans encombre.

*
* *

Nous sommes rendus héritiers du royaume de Dieu par Jésus-Christ. Nous devons être digne d'un si grand honneur.

*
* *

Les défis sont nombreux et les enjeux sont grands. L'âme qui sert Dieu sera honorée et verra la gloire de Dieu.

*
* *

Ce n'est ni un conte, ni une légende. L'imminence du retour de Christ se fait grand. Trouvera-t-il la foi ?

*
* *

La bonté de Dieu est sans pareille. Elle saisit l'affligé et redonne de l'espoir au faible. Elle fortifie et donne la paix du coeur.

*
* *

La vie ne se résume pas à des appréhensions. En mettant la parole de Dieu au coeur de nos vies, nous faisons le choix de chasser la confusion.

*
* *

Ce que cache l'ennemi est révélé par la lumière de la Parole de Dieu. Comme source de vie, elle est notre sécurité.

*

* *

Certaines bénédictions ne s'obtiennent que par la sensibilité que nous avons à écouter le Seigneur.

*
* *

La longueur de certains combats n'enlève en rien la certitude de la victoire. Car si Dieu est pour nous, qui nous vaincra ?

*
* *

Le caractère exceptionnel de l'amour de Dieu doit nous rappeler sans cesse combien son sacrifice aura révolutionné à jamais notre destinée.

*
* *

Devant un obstacle, deux vérités. D'abord Dieu qui est le facteur pour le relever et la dimension nouvelle acquise après l'avoir relevé.

*
* *

Un enfant de Dieu n'agit pas sous pression mais par conviction du Saint-Esprit. Le tempo de sa marche est guidé depuis le ciel.

*
* *

Une vie bâtie sur Jésus-Christ est une vie riche en qualité et en quantité et dont la ressource n'est autre que la source qui l'a bâtie.

*
* *

Le rythme effréné du monde ne doit en aucun cas modifier la fréquence de notre intimité avec Dieu. La constance spirituelle est une clé pour surmonter les affres du malin.

*
* *

Les ennemis ne peuvent supporter la ferveur des faveurs de Dieu pour nous. Ils deviennent des ponts de manifestation de sa gloire.

*
* *

Certains événements arrivent pour nous rappeler que nous sommes passagers sur la terre. Il faut en tenir compte.

*
* *

La sincérité se cultive au bon gré de l'obéissance à la Parole de Dieu. Elle rend vraie notre relation à Dieu.

*
* *

La grâce de Dieu est un luxe. Elle ne peut se saisir qu'en tenant compte des exigences de Dieu. Sur ce point, la barre est placée bien haute.

*
* *

En batissant nos espoirs sur le rocher qu'est Jésus-Christ, on obtient une assurance à toute épreuve.

*
* *

En forgeant sur le roc qu'est Jésus-Christ, on obtient une foi solide et inébranlable.

*
* *

Le Saint-Esprit comme consolateur, nous apaise et nous rassure sur la pérennité de l'amour de Dieu à notre égard.

*
* *

Le Saint-Esprit comme conseiller, nous révèle les chemins à suivre et à éviter et sélectionne avec minutie notre entourage.

*
* *

Le Saint-Esprit comme révélateur, nous ouvre les yeux sur les mystères qui entourent notre marche sur la terre. Savoir pourquoi on vit et le but de la vie.

*
* *

Y-a-t-il une excuse suffisante pour se priver de converser avec le Seigneur? Le besoin d'être en connection avec Christ dépasse toutes raisons humaines.

*
* *

C'est le propre de l'homme de douter de Dieu. C'est le propre de Dieu de rassurer l'homme.

*
* *

La justice de Dieu est régulière, celle des hommes est circonstancielle. Si Dieu est une référence, nous lui devons toute déférence.

*
* *

Autant l'échec n'est pas de Dieu autant nous devons nous consacrer à faire de la vérité une évidence de vie.

*
* *

L'ennui ce n'est pas qu'on s'ennuie. Le pire c'est de ne point trouver en Jésus-Christ la grâce d'occuper tout notre esprit.

*
* *

Si notre approche est une adoration, la posture de Dieu est une bénédiction. La clé c'est la sincérité de notre approche.

*
* *

On ne peut avancer qu'en ayant compris que la statique ne sert pas les intérêts de Dieu.

*
* *

Finalement la vie ne se résume qu'à un laps de temps. Un laps où l'effort doit être fait de quitter des ténèbres vers la lumière.

*
* *

Les promesses sans réalisations remettent en cause celui qui les a prononcé et celui à qui elles sont destinées. Heureusement, on ne peut pas remettre en cause Dieu, exempt de toute reproche.

*
* *

L'ignorance de Dieu et de son oeuvre est un asservissement au monde. C'est le signe criant du sous-développement.

*
* *

Finalement rien ne semble être une surprise quand on connaît l'hostilité du monde envers ceux qui sont couverts par les bienfaits de Dieu.

*
* *

Ce qui s'écrit par la main s'inscrit par l'Esprit. Le souffle de Dieu inspire notre esprit à aspirer au meilleur.

*
* *

Celui qui côtoie Dieu de près n'est jamais exposé mais expose ceux qui par inadvertance veulent l'attaquer.

*
* *

Être proche de Dieu crée une exigence de sainteté et un devoir de responsabilité vis-à-vis des autres. Dieu nous qualifie et nous équipe pour faire valoir notre rang de ministre du ciel.

*
* *

La force de l'arche de Dieu ne réside pas dans la beauté et la finesse de sa construction mais dans le respect de l'alliance qui lui donne le sens d'être appelée arche de l'alliance.

*
* *

L'oeuvre du Saint Esprit c'est aussi de nous façonner et nous rendre apte à affronter le monde.

*
* *

Une bénédiction reçue dans une vie de péché est un avertissement à la repentance profonde et une double peine pour l'âme.

*
* *

Il n'y a pas plus beau que l'adversité pour saisir la bonté de Dieu, plus fort que la souffrance pour vivre sa délivrance.

*
* *

Ce qui nous arrive de pire est le miroir de tout le bien que Dieu veut faire dans nos vies.

*
* *

Même dans l'affirmation d'une chose, Dieu peut nous mettre en garde contre cette chose.

*
* *

S'abstenir parfois de faire ce que les autres font ne signifie pas être en retard sur le temps. C'est le juste signe du discernement.

*
* *

La grâce de Dieu n'a pas pour but d'émouvoir ou d'attirer la sympathie. Elle vise à transformer des coeurs et à les amener à Christ. Pas de spectacle.

*
* *

Le rôle de Dieu ne se résume pas à éteindre les feux que nous allumons par la malice de nos péchés, autrement Il deviendrait sapeur-pompier.

*
* *

Dans l'incertitude de nos pensées, Dieu nous communique la certitude de son amour. Justement elle chasse toutes formes d'inquiétudes.

*
* *

La grâce de Dieu est allergique à la paresse. Dieu bénit ceux qui s'imprègne du travail pour avancer.

*
* *

La grâce est une richesse. Elle anoblit tout celui sur qui elle repose. Elle est une source et une ressource pour ceux qui se confient en elle.

*
* *

La grâce est une force. Elle ravive l'âme et la sort du désespoir. Elle donne le pouvoir de marcher sur toute puissance ennemie.

*
* *

La grâce est une personne. Elle change l'identité de tout celui qui la rencontre. Elle est fidèle et miséricordieuse.

*
* *

Si servir Dieu se résumait aux grands discours, beaucoup seraient déjà au ciel.

*
* *

La grâce de Dieu n'est pas que future. Elle est la manifestation même de ce que Dieu fait à la minute en notre faveur.

*
* *

Faire confiance à Dieu c'est lui laisser les méthodes et les moyens de nous diriger.

*
* *

La force d'un enfant de Dieu réside dans le secret de son appel, dans la soumission à son créateur et le dévouement à son Sauveur.

*
* *

La force de la Parole de Dieu ne réside que dans la vérité qu'elle est et qu'elle dégage.

*
* *

La parole de Dieu stimule la conscience par la sainteté de Dieu, nourrit la pensée par la vérité de Dieu.

*
* *

La parole de Dieu purifie l'imagination par la beauté de Dieu, ouvre le coeur à l'amour de Dieu et suscite la soumission à la volonté de Dieu.

*
* *

La bonté de Dieu est une consolation pour des coeurs affligés et une ressource pour l'âme abattue.

*
* *

Pour un enfant de Dieu, chaque action posée doit avoir le sceau du Saint Esprit.

*
* *

Dieu ne nous permet pas que de rêver mais Il participe aussi activement à la réalisation de nos rêves.

*
* *

Savoir compter sur Dieu ce n'est pas quantifier ses actions dans nos vies mais approfondir la qualité de notre adoration.

*
* *

Plus profond est l'âme qui adore Dieu, plus haut est le désir de Dieu de la bénir.

*
* *

La vie trouve sa valeur dans la consécration aux choses impérissables, au rang desquelles nous avons la foi en Christ.

*
* *

L'habitude crée une attitude et l'habitude de prier créant l'attitude de prière conduit à l'altitude dans les profondeurs de Dieu.

*
* *

La rigueur de Dieu n'est pas le cadre propice à la désinvolture de notre foi.

*
* *

Celui qui entre dans la logique de Dieu n'a de logique que la gloire de Dieu.

*
* *

Chaque être est un prototype unique en son genre. Crée et façonné à l'image de Dieu et ne respirant que par ce qui l'unit à son Créateur.

*
* *

Si pour les uns la Parole de Dieu est la base d'un réveil spirituel, pour les autres c'est le berceau des illusions.

*
* *

Nul ne peut faire l'expérience de Dieu si Dieu ne se révèle à lui. Et la révélation n'est pas la maîtrise des Écritures mais la maîtrise des enjeux liés aux Écritures.

*
* *

Nos actions n'auront de portées que lorsqu'elles s'exercent dans le périmètre défini par Dieu.

*
* *

À mesure que nous grandissons, la vision d'un Dieu plus grand et plus fort doit prendre forme et non le contraire.

*
* *

Tellement extraordinaire est la présence de Dieu autant difficiles seront les mots pour exprimer humainement ses bienfaits.

*
* *

Un enfant de Dieu est une étoile. Sa force n'est pas que de briller pour lui-même mais c'est aussi de faire briller les autres comme Christ a brillé pour lui.

*
* *

L'adversité est le révélateur de la nécessité de l'intervention de Dieu en notre faveur.

*
* *

La pertinence de la présence de Dieu se découvre par la lecture et la méditation de sa parole, facteurs favorables à la révélation de ses mystères.

*
* *

Connaître Dieu c'est reconnaître notre faiblesse et saisir que Christ est la seule alternative à cette faiblesse.

*
* *

La régularité dans la présence de Dieu est un facteur déterminant contre la précarité spirituelle.

*
* *

Le bonheur ne se proclame pas seulement. Il se vit à mesure que Christ prend la première place dans notre coeur.

*
* *

La lumière de Christ éclipse les parts d'ombres que nous portons. Elle redéfinie même nos amitiés en façonnant nos affinités.

*
* *

En offrant sa vie pour nous, Christ a non seulement révolutionné notre approche de la mort.

*
* *

Celui qui s'arroge le droit de privatiser Dieu oublie que Dieu lui-même a rendu son amour public.

*
* *

En étant bénéficiaires de l'amour de Dieu, nous devenons la typification de sa volonté dans le monde.

*
* *

L'expérience de la cène est un devoir de mémoire auquel nous devons tous participer car révélateur de l'amour de Dieu par le sacrifice de Christ.

*
* *

La force d'un enfant de Dieu ne se résume pas seulement aux faveurs qu'il reçoit de Dieu mais aussi par rapport à ce qu'il peut sacrifier pour Dieu.

*
* *

La grâce de Dieu est un vivier de l'espoir. Elle efface nos fautes passées, cimente notre présent en vue de nous guider dans le bonheur futur.

*
* *

L'alignement des bienfaits de Dieu et leur succession brusque ne sont que la démonstration de la présence de Dieu. Pour ceux qui en doutent, Dieu n'est pas loin.

*

* *

Le vent et la tempête ne nous font pas peur. Nous avons pour ami celui qui leur a dit : «silence, tais toi».

*

* *

Le malin ne peut pas effacer notre histoire car le crayon qui la dessine est entre les mains de Dieu. À moins de le lui arracher.

*

* *

Séquencés à Christ par son sang précieux, nous cessons d'être citoyen du monde pour devenir et demeurer citoyen céleste.

*

* *

La rationalité est au service de la foi car tout ce qui touche à Dieu trouve un écho dans le renouvellement de notre intelligence et dans la compréhension des choses.

*

* *

La divinité de Jésus-Christ a toujours fait débat. Chaque époque a son lot de gens qui comprendront et ceux qui ne comprendront pas.

*

* *

La sérénité est l'une des caractéristiques de Dieu. Celui qui est sûr de ses forces ne se livre pas à l'exercice de l'agitation car chaque histoire trouve un épilogue.

*

* *

La grandeur d'un être est liée à la multitude d'attentes qu'il suscite ; c'est humain. La grandeur de Jésus-Christ c'est d'être capable de répondre à toutes les attentes ; c'est divin.

*

* *

La grâce de Dieu défie la raison humaine. Elle élève le Créateur en conduisant les créatures à l'obéissance, gage de la bénédiction.

*
* *

Celui qui s'humilie sous la main du Seigneur ouvre son coeur à un renouvellement de l'intelligence et à une profusion de grâce.

*
* *

La sanctification est une exigence de vie. Elle favorise une connexion permanente avec Dieu. Sans elle, aussi beau sera ce que nous aurons, ce sera du maquillage.

*
* *

Il n'y a pas de hauteur plus élevée que celle d'entrer dans la profondeur de l'amour de Jésus-Christ.

*
* *

La prière n'est pas un plaidoyer ni un exercice de conviction. C'est la juste expression d'une âme qui ne voit la réponse aux problèmes qu'en Dieu seul.

*
* *

La meilleure façon d'exprimer nos besoins à Dieu c'est de répondre avant tout aux besoins de Dieu.

*
* *

La toute-puissance de Dieu est sans pareille. Elle transforme les coeurs les plus durs en choeurs de sa louange.

*
* *

L'adoration est une allégeance, une projection, un constat : Dieu est au dessus de tout.

*
* *

Nos actions n'ont pas pour but d'émouvoir ou de surprendre Dieu. Elles participent à surprendre le monde par la grandeur de Dieu.

*

* *

La redéfinition de soi n'est pas la remise en cause de ce que l'on est mais c'est la volonté de vivre Dieu au-delà de ce que nous vivons jusqu'ici.

*
* *

La connaissance de Dieu est le réservoir de la foi. Autant nous connaissons Dieu et autant notre foi s'affermit en dépit des difficultés.

*
* *

L'élévation n'est pas ce à quoi nous aspirons car le fait pour nous d'élever Christ nous installe d'office dans la cour des grands.

*
* *

La pertinence de l'Esprit de Dieu est de pouvoir trouver en notre coeur un terreau utile pour en faire son temple.

*
* *

La sagesse et l'intelligence ne se conçoivent que lorsqu'elles découlent de la crainte de Dieu, autrement c'est illusion et folie.

*
* *

La sagesse d'en haut atteint ceux qui aspirent aux choses d'en haut car aussi haut que se trouve Dieu, haute devra être l'objet de nos quetes.

*
* *

Dieu établit toujours une différence entre ceux qui le servent et ceux qui ne le servent pas. Une différence quantitative et qualitative.

*
* *

Dieu n'est pas un exécutant de nos prières et caprices. Parfois on perd le sens de qui doit servir l'autre. Et finalement, point de bénédictions.

*
* *

En nous connectant à Dieu, le Saint Esprit nous transmet le besoin de sentir, de ressentir et de pressentir la présence de Dieu.

*
* *

Le nom de Jésus-Christ est le seul nom qui ne connaît ni usure ni obsolescence. Il a pour vertu de rafraîchir même ce que nous sommes.

*
* *

Le nom de Jésus-Christ est bien plus qu'un baromètre. Il n'indique pas le chemin à arpenter mais il est lui-même le chemin.

*
* *

Le nom de Jésus-Christ n'est pas un produit marketing, ni une marque d'habits. C'est plus que cela. Sa valeur est inestimable et mérite le respect le plus systématique.

*
* *

La prière n'est pas l'expression de nos besoins mais l'expression des besoins de Dieu au travers nous car lui seul connaît ce qui nous convient de demander.

*
* *

La prière fervente est un oubli de soi pour porter auprès de Dieu des sujets d'une teneur spirituelle profonde.

*
* *

À la rudesse de nos problèmes, Jésus-Christ nous répond par la délicatesse de son amour.

*
* *

Le pardon est une clé de vie. Pardonner nous rapproche de Dieu.

*
* *

Le désir de recevoir les promesses de Dieu doit inéluctablement conduire à l'aspiration de leur accomplissement.

*
* *

Les promesses de Dieu ne sont pas un leurre. C'est le triomphe de sa grâce sur tout ce qui peux entraver notre bonheur.

*
* *

Les oppositions ne remettent pas en cause la légitimité de l'appel de Dieu. Elles permettent de s'imposer et d'affirmer son autorité.

*
* *

La foi n'est pas à chercher. Elle doit se greffer à ce que l'on est dans l'optique de ce que l'on cherche. Elle est notre lien à Dieu.

*
* *

La foi est une disposition du coeur. Elle se doit de rencontrer le coeur de Dieu et glorifier celui de qui nous sommes rendus capables de beaucoup.

*
* *

S'asseoir et décider sur la vie des gens n'est l'apanage que de Dieu seul. S'arroger un tel privilège est un sacrilège.

*
* *

Le mérite d'un vrai leader s'évalue à la propension à devenir un modèle pour les autres, en ayant avant tout Christ pour modèle.

*
* *

Le mérite d'un vrai leader n'est pas de rester un référent historique mais c'est de savoir conduire les autres vers un avenir radieux dans le respect de l'alliance avec Dieu.

*
* *

Le mérite d'un vrai leader n'est pas de sacrifier les autres pour asseoir son pouvoir mais c'est s'offrir et laisser à Dieu le soin de la justification.

*
* *

La croix n'était pas qu'un simple bois pour Christ. C'était au contraire la voie pour nous débarrasser du poids du péché.

*
* *

Le sacrifice de Christ, supplice aux yeux du malin, est pour nous l'indice de l'amour inconditionnel de Dieu.

*

* *

En nous inscrivant dans la logique d'adorateurs, Dieu nous inscrit dans la logique de sa bienfaisance.

*

* *

Les qualités les plus extraordinaires sont celles qui nous permettent de côtoyer le trône de Dieu.

*

* *

La qualité d'enfant de Dieu confère des immunités spirituelles que le monde ne peut pas lever.

*

* *

La conquête des âmes perdues constitue l'axe principal de la politique étrangère du ciel. C'est une question d'intérêt majeur pour Dieu.

*

* *

La grâce a parfois pour effet non pas de convaincre nos ennemis mais d'endurcir leurs coeurs et causer leur propre perte.

*

* *

En dépit des obstacles, la puissance de la présence de Dieu est un rempart que rien ni personne ne peut altérer.

*

* *

La prière n'est pas un discours adressé à un Dieu distant. C'est une communion entre notre besoin et son désir d'exaucement.

*

* *

Le plus grand des regrets c'est d'oeuvrer pour Dieu et partir avec un sentiment de travail inachevé.

*

* *

La prière est le relais de la Parole de Dieu. Sans eux, la vie chrétienne est vide et amère.

*
* *

La tempête peut être violente comme la douleur grande mais l'amour de Dieu tient en respect toutes les chaînes de l'ennemi.

*
* *

Le meilleur aveu est la reconnaissance de notre dépendance absolue vis-à-vis de Dieu. Cet acte nous met bien à l'abri et sous couvert de Dieu.

*
* *

Toutes les attentes auxquelles nous aspirons doivent s'orienter à voir en Dieu, notre rémunérateur par excellence.

*
* *

Le nom de Jésus-Christ n'a jamais eu de sens que dans la manifestation de sa nature : le Sauveur.

*
* *

Le malin aime le sensationnel mieux, le spectacle. Nous en Christ, nous nous arrangeons pour que ça débâcle soit totale.

*
* *

Le silence n'est pas une fuite ou un recul mais c'est aussi l'itinéraire de Dieu vers la réalisation de nos promesses.

*
* *

La lumière de Jésus-Christ est une embellie dans une vie sans espoir, une lueur pour un coeur abattu.

*
* *

L'adoration est une attitude d'allégeance à Dieu ; une position d'effacement afin que Dieu prenne toute la place.

*
* *

L'adoration est un devoir, une réponse à la miséricorde, un état de service pour celui par qui toute chose a été rendu possible : Jésus-Christ.

*
* *

L'adoration est un transfert de la terre vers le ciel mieux, une communion céleste avec le parfait Sauveur.

*
* *

Le ciel est en quête d'adorateurs, un désir manifesté de Dieu et une aubaine pour ceux qui en comprennent les sens.

*
* *

La victoire s'impose lorsque notre conscience saisit que même l'adversité est sous le contrôle total de Dieu.

*
* *

Adorer par l'esprit est une symbiose entre l'humain et le divin. Communier avec le Seigneur Jésus-Christ est l'expérience la plus enrichissante qu'il soit.

*
* *

Le diable ne définit pas qui nous sommes. Il n'a ni les compétences ni les qualifications requises pour influer sur notre destin.

*
* *

Celui qui est humble aux yeux de Dieu est en position d'orgueil aux yeux du malin.

*
* *

Le bonheur des hommes se trouve dans les faveurs de Dieu et les faveurs de Dieu sont dans la Parole de Dieu.

*
* *

Les situations difficiles sont les pages d'un témoignage plus grand lié au bonheur de l'accomplissement des promesses de Dieu.

*
* *

Le bonheur n'est pas lié à nos passions ni nos envies. Le bonheur c'est l'accomplissement de la volonté de Dieu par nous.

*
* *

La prière est une arme, une force qui éteint les traits enflammés du malin et qui nous rappelle que Dieu reste à l'écoute du moindre de nos besoins.

*
* *

La prière est une nature, celle de maintenir le dialogue avec Dieu. Une vie sans prière ne mérite pas d'être vécue.

*
* *

Pour qui le diable nous détruit par la peur, Dieu nous bâtit et nous solidifie par la foi afin de faire obstacle aux velléités du malin.

*
* *

La foi est une disposition d'esprit, celle de s'attendre à vivre la main de Dieu au-delà des espérances parfois futiles.

*
* *

L'exercice de notre foi est une démonstration du caractère bénéfique de l'amour de Dieu pour nous.

*
* *

La foi engage Dieu dans notre vie, un engagement qualitatif et une source de bonheur dans la marche chrétienne.

*
* *

La présence de Dieu est plus qu'une quête. C'est une force, un état d'esprit, un bonheur, la conviction d'être du bon côté de l'histoire.

*
* *

La présence de Dieu, on la désire, on ne s'en contente pas. Si elle est, on en veut plus, on veut une autre dimension sans modération.

*
* *

Si le bon ingrédient Jésus-Christ venait à manquer, la vie n'aurait aucune saveur.

*
* *

Sans Sauveur pas de valeur mais pleins de malheurs. Avec Jésus-Christ l'heure est au bonheur à perte de vue.

*
* *

En érigeant Jésus-Christ pour modèle, il nous érige en référence pour les autres.

*
* *

Notre valeur ne se définit pas en fonction de ce que pensent les autres. Notre valeur trouve son sens dans les calculs de Dieu.

*
* *

L'échec n'est pas l'absence de résultats. L'échec c'est de perdre la foi en celui qui peut tout nous offrir : Jésus-Christ.

*
* *

Dieu ne s'explique pas. Il se révèle lui-même à ceux qui ouvrent leurs coeurs à le recevoir.

*
* *

Jésus-Christ est l'ombre de toutes les possibilités, l'architecte de toutes les réalisations et le gardien de notre âme.

*
* *

Jésus-Christ est la réponse de Dieu à notre besoin de rédemption. Il est ainsi notre force et notre capacité.

*
* *

Le bonheur n'est que l'expression de ce que Dieu nous communique. Dieu nous communique son amour : Jésus-Christ.

*
* *

Plaire à Dieu ne signifie pas l'aligner sur nos pensées et désirs. Plaire à Dieu c'est suivre et faire sa volonté.

*
* *

Face à Dieu, toutes les raisons humaines perdent le sens. Car Dieu fait ce qu'il veut en dépit de la bonne ou mauvaise perception que nous aurons.

*
* *

Quelle est la valeur de notre vie si pour 30 pièces d'argent, Judas a trahi Jésus-Christ?

*
* *

Lors de grandes peines, c'est dans la consolation que nous procure Jésus-Christ que nous tirons notre plus grande force.

*
* *

On ne peut mieux connaitre Dieu que dans la mesure où il se fait connaitre.

*
* *

La plus grande force de l'adoration réside dans le don de soi comme Christ s'est livré lui-même en sacrifice pour nous.

*
* *

La liberté n'est pas la vie sans normes. La norme de la vie c'est la Parole de Dieu.

*
* *

La meilleure façon de vivre n'est pas dans le regain d'indépendance mais dans la consécration de notre dépendance à l'égard de Dieu.

*
* *

La grâce de Dieu nous conduit à trouver notre voie et à créer les conditions nécessaires de notre soumission à Dieu.

*
* *

La grâce de Dieu ne se résume pas seulement au déploiement de la vérité mais aussi à la conservation de la vérité.

*
* *

Au plus fort de l'abîme et même quand tout semble fini, garder en mémoire que la première parole de Dieu était "Que la lumière soit".

*
* *

La lumière de Christ n'éclaire pas seulement le monde mais révèle aussi notre propre nature à savoir des enfants de lumière.

*
* *

Dieu ne nous choisit pas en fonction de notre caractère. Il nous choisit pour nous nous communiquer son caractère.

*
* *

La lumière de Christ nous rend heureux. Elle dissipe les ténèbres, chasse les doutes et assoit l'autorité de Dieu sur toute notre vie.

*
* *

Parfois l'expression de notre gratitude pour Jésus peut briser l'incertitude de notre situation.

*
* *

Aller au ciel n'est le résultat d'aucun calcul humain mais le privilège de ceux qui sont agréés par Dieu lui-même.

*
* *

La Parole de Dieu est la seule capable de consoler et de restaurer, d'apaiser et de rassurer.

*
* *

La lumière de Jésus-Christ n'est pas l'expression d'un besoin mais l'aperçu de notre position en Christ. Ce qui naît de la lumière est lumière.

*
* *

Nos plus grandes peurs sont celles que nous nous infligeons nous-même. Elles nous empêchent d'avoir un regard fixé vers Jésus-Christ.

*
* *

La patience, fruit de l'Esprit, n'est pas l'attentisme mais c'est la constance de notre foi en Jésus-Christ indépendamment du facteur temps.

*
* *

Chaque épreuve cache une leçon. Chaque leçon comprise dévoile une dimension et chaque dimension acquise met en lumière la gloire de Dieu.

*
* *

Jésus-Christ est la clé de notre restauration. Il a ramené à néant la distance qui nous séparait de Dieu et a éloigné à l'infini le spectre du péché sur nous.

*
* *

Certaines situations malheureuses sont des alertes, des préludes à des choses bien pires. La meilleure vigilance est de renforcer la prière et s'en remettre à Jésus-Christ.

*
* *

Sans doute ni variation, l'amour de Dieu est sincère. Il faut aussi de la sincérité pour la reçevoir.

*
* *

A quoi sert une vie qui ne trouve point grâce aux yeux de Dieu?

*
* *

Vivre avec Dieu c'est aspirer à une vie de qualité. C'est se mettre au standing de Christ et fuir la mediocrité sous toutes ses formes.

*
* *

On ne seduit pas Dieu par la longueur de nos prieres ni par l'aisance de notre langage. On attire Dieu en ayant un cœur pur.

*
* *

L'Eglise est plus qu'un lieu de rassemblement. C'est un espace de transformation. C'est le domaine privilégié de Jésus-Christ.

*
* *

Nous ne pouvons pas empêcher le diable de passer sur nos avenues mais nous pouvons l'empêcher de s'arrêter à notre porte.

*
* *

La parole de Dieu réside dans le cœur de ceux qui aiment Dieu.

*
* *

La marche avec Jésus-Christ nous rend authentiques et vrais. Un chrétien n'a pas de vie cachée ni de double standards.

*
* *

La gratitude est un alignement. C'est l'attitude de voir en toutes circonstances la manifestation de la grâce de Dieu.

*
* *

Les voies de Dieu sont parfois multiples mais, toutes nous amènent à reconnaître en lui le pilier qui soutient nos vies.*

*
* *

Ce n'est pas une parabole. Celui qui ne donne pas sa vie à Jésus-Christ est un candidat parfait pour l'enfer.

*
* *

L'amour de Dieu nous conduit vers le cœur de Dieu. Il établit un lien indéfectible que rien ni personne ne peut briser.

*
* *

Le Saint-Esprit habite un cœur pur et disposé à servir la cause de Christ. Le Saint-Esprit n'est pas un concurrent.

*
* *

La prière nous définit comme enfant de Dieu. La persévérance dans la prière nous qualifie pour l'intervention de Dieu.

*
* *

La prière est l'expression de notre attachement à Dieu. Aimer Dieu c'est aimer la prière.

*
* *

Il n'y a pas de prière sans Parole de Dieu. La prière puise son inspiration dans la Parole qui sert de cadre et de boussole.

*
* *

La présence de Dieu a pour intérêt de renforcer notre dévouement pour la cause de Christ. C'est le cadre de réflexion de tout enfant de Dieu.

*
* *

La présence de Dieu n'est pas un hasard. Elle se ressent quand nous menons une vie de sanctification.

*
* *

La présence de Dieu est l'expression de l'amour de Dieu. C'est un indicateur de notre appartenance au Roi des rois.

*
* *

La présence de Dieu produit la soif de prière et de connaissance de Dieu. Surtout elle brise les chaînes.

*
* *

La présence de Dieu est aussi un indice de l'imminence du jugement de Dieu. Elle nous impose une vie en harmonie avec Dieu.

*
* *

Quelque soit la trajectoire que prend la vie, nous devons toujours garder à l'esprit la fidélité de Jésus-Christ.

*
* *

La vie chrétienne est une vie de transformation et non de fonction. C'est le propre de ceux qui ont réellement donné leur vie à Jésus-Christ.

*
* *

La vie chrétienne n'est pas un spectacle. Le vrai spectacle sera le rendez-vous du jugement où chacun devra rendre des comptes.

*
* *

La force de notre repos se trouve dans le labeur de Jésus-Christ à la croix.

*
* *

Le leadership chrétien ne se nourrit pas de fausses informations mais se revêt de vérité et des sentiments qui sont en Jésus-Christ.

*
* *

Notre engagement dans l'œuvre de Dieu n'a pour but que l'intérêt de Christ. Car en lui se trouve même ce que nous cherchons.

*
* *

La clé de notre victoire passe par la conscience de la présence de Dieu et sa capacité à répondre à n'importe quelle situation.

*
* *

La conscience de la présence de Dieu c'est l'acceptation de nos limites et la proclamation de notre dépendance à Jésus-Christ.

*
* *

Écouter Dieu c'est fermer nos oreilles à nos penchants et désirs et nous connecter à la volonté de Dieu.

*
* *

Écouter Dieu c'est marcher selon ses priorités. C'est nous résoudre à chercher sa gloire plus que tout autre chose.

*
* *

Écouter Dieu c'est le servir. C'est donner à la Parole la latitude d'activer notre foi et agrandir notre passion pour Jésus-Christ.

Buy your books fast and straightforward online - at one of world's fastest growing online book stores! Environmentally sound due to Print-on-Demand technologies.

Buy your books online at
www.morebooks.shop

Achetez vos livres en ligne, vite et bien, sur l'une des librairies en ligne les plus performantes au monde!
En protégeant nos ressources et notre environnement grâce à l'impression à la demande.

La librairie en ligne pour acheter plus vite
www.morebooks.shop

Printed by Books on Demand GmbH, Norderstedt / Germany